ABRÉGÉ

DU CATÉCHISME

DU

DIOCÈSE DE MONACO

Laissez venir à moi les petits enfants.

ABRÉGÉ
DU CATÉCHISME

DU

DIOCÈSE DE MONACO

IMPRIMÉ PAR ORDRE

DE MONSEIGNEUR CHARLES THEURET

ÉVÊQUE DE MONACO

Pour être seul enseigné dans son diocèse

MONACO

—

1891

ORDONNANCE

Nous, Charles THEURET, évêque de Monaco, avons ordonné et ordonnons ce qui suit :

Article 1er. — Le présent Catéchisme, revu et corrigé par nos soins, est destiné aux petits enfants qui ne se préparent pas immédiatement à la première communion.

Art. 2. — Exceptionnellement, MM. les curés pourront se contenter d'enseigner le Petit Catéchisme aux enfants, plus avancés en âge, qui n'auraient pas le temps ou la facilité d'apprendre le grand Catéchisme.

Donné à Monaco, le 1er novembre 1891, en la fête de la Toussaint.

† CHARLES,

ÉVÊQUE DE MONACO.

Par Mandement :

D. GIANNECCHINI, Chanoine.

Chancelier.

PRIÈRE DU MATIN

Au nom du Père, et du Fils, et du Saint-Esprit. Ainsi soit-il.

Mettons-nous en la présence de Dieu, adorons son saint Nom.

Très sainte et très auguste Trinité, Dieu seul en trois personnes, je crois que vous êtes ici présent. Je vous adore avec les sentiments de l'humilité la plus profonde, et vous rends de tout mon cœur les hommages qui sont dus à votre souveraine Majesté.

Demandons à Dieu les grâces qui nous sont nécessaires.

Mon Dieu, vous connaissez ma faiblesse. Je ne puis rien sans le secours de votre grâce. Ne me la refusez pas, ô mon Dieu ; proportionnez-la à mes besoins ; donnez-moi assez de force pour éviter tout le mal que vous défendez, pour pratiquer tout le bien que vous attendez de moi, et pour souffrir patiemment toutes les peines qu'il vous plaira de m'envoyer.

L'ORAISON DOMINICALE

Pater noster, qui es in cœlis, sanctifi-	Notre Père, qui êtes aux cieux, que votre

nom soit sanctifié; que votre règne arrive; que votre volonté soit faite sur la terre comme au ciel. Donnez-nous aujourd'hui notre pain de chaque jour; et pardonnez-nous nos offenses comme nous pardonnons à ceux qui nous ont offensés; et ne nous laissez pas succomber à la tentation, mais délivrez-nous du mal. Ainsi soit-il.

cetur nomen tuum : adveniat regnum tuum : fiat voluntas tua, sicut in cœlo et in terra. Panem nostrum quotidianum da nobis hodie ; et dimitte nobis debita nostra, sicut et nos dimittimus debitoribus nostris ; et ne nos inducas in tentationem ; sed libera nos a malo. Amen.

LA SALUTATION ANGÉLIQUE

Je vous salue, Marie, pleine de grâce, le Seigneur est avec vous ; vous êtes bénie entre toutes les femmes ; et Jésus, le fruit de vos entrailles, est béni.

Ave, Maria, gratia plena. Dominus tecum : benedicta tu in mulieribus, et benedictus fructus ventris tui, Jesus.

Sainte Marie, mère de Dieu, priez pour nous, pauvres pécheurs, maintenant et à l'heure de notre mort. Ainsi soit-il.

Sancta Maria, mater Dei, ora pro nobis peccatoribus, nunc et in hora mortis nostræ. Amen.

LE SYMBOLE DES APÔTRES

Credo in Deum, Patrem omnipotentem, Creatorem cœli et terræ; et in Jesum Christum Filium ejus unicum Dominum nostrum; qui conceptus est de Spiritu sancto, natus ex Maria Virgine; passus sub Pontio Pilato, crucifixus, mortuus et sepultus; descendit ad inferos, tertia die resurrexit a mortuis; ascendit ad cœlos; sedet a dexteram Dei Patris omnipotentis; inde venturus est judicare vivos et mortuos.

Credo in Spiritum sanctum, sanctam Ecclesiam catholicam, sanctorum communionem, remissionem peccatorum, carnis resurrectionem, vitam æternam. Amen.

Je crois en Dieu le Père tout-puissant, Créateur du ciel et de la terre; et en Jésus-Christ, son Fils unique, Notre-Seigneur; qui a été conçu du Saint-Esprit; est né de la Vierge Marie; a souffert sous Ponce Pilate, a été crucifié, est mort, a été enseveli; est descendu aux enfers; le troisième jour est ressuscité des morts; est monté aux cieux; est assis à la droite de Dieu, le Père tout-puissant; d'où il viendra juger les vivants et les morts.

Je crois au Saint-Esprit, à la sainte Église catholique, à la communion des Saints, à la rémission des péchés, à la résurrection de la chair, à la vie éternelle. Ainsi soit-il.

COMMANDEMENTS DE DIEU

1 Un seul Dieu tu adoreras
  Et aimeras parfaitement.
2 Dieu en vain tu ne jureras,
  Ni autre chose pareillement.
3 Les Dimanches tu garderas
  En servant Dieu dévotement.
4 Tes père et mère honoreras,
  Afin de vivre longuement.
5 Homicide point ne seras,
  De fait ni volontairement.
6 Luxurieux point ne seras,
  De corps ni de consentement.
7 Le bien d'autrui tu ne prendras,
  Ni retiendras à ton escient.
8 Faux témoignage ne diras,
  Ni mentiras aucunement.
9 L'œuvre de chair ne désireras,
  Qu'en mariage seulement.
10 Biens d'autrui ne convoiteras,
  Pour les avoir injustement.

COMMANDEMENTS DE L'ÉGLISE

1 Les Fêtes tu sanctifieras
  Qui te sont de commandement.
2 Les Dimanches Messe ouïras,
  Et les Fêtes pareillement.
3 Tous tes péchés confesseras,
  A tout le moins une fois l'an.
4 Ton Créateur tu recevras,
  Au moins à Pâques, humblement.

5 Quatre-Temps, Vigiles jeûneras,
  Et le Carême entièrement.
6 Vendredi chair ne mangeras,
  Ni le samedi mêmement.

*Invoquons la sainte Vierge, notre bon Ange,
et notre saint Patron.*

Sainte Vierge, mère de Dieu, ma mère et ma patronne, je me mets sous votre protection, et je me jette avec confiance dans le sein de votre miséricorde. Soyez, ô Mère de bonté, mon refuge dans mes besoins, ma consolation dans mes peines, et mon avocate auprès de votre adorable Fils, aujourd'hui, tous les jours de ma vie, particulièrement à l'heure de ma mort.

Ange du ciel, mon fidèle et charitable guide, obtenez-moi d'être si docile à vos inspirations, et de régler si bien mes pas, que je ne m'écarte en rien de la voie des commandements de mon Dieu.

Grand Saint, dont j'ai l'honneur de porter le nom, protégez-moi, priez pour moi, afin que je puisse servir Dieu comme vous sur la terre, et le glorifier éternellement avec vous dans le ciel. Ainsi soit-il.

ACTE DE FOI

Mon Dieu, je crois fermement toutes les vérités que vous avez révélées et que vous nous enseignez par votre Eglise, parce que vous ne pouvez ni vous tromper ni nous tromper.

ACTE D'ESPÉRANCE

Mon Dieu, j'espère avec une ferme confiance que vous me donnerez, par les mérites de Jésus-Christ, votre grâce en ce monde, et, si j'observe vos Commandements, votre gloire dans l'autre, parce que vous me l'avez promis, et que vous êtes souverainement fidèle dans vos promesses.

ACTE DE CHARITÉ

Mon Dieu, je vous aime de tout mon cœur et par-dessus toutes choses, parce que vous êtes infiniment bon et infiniment aimable ; et j'aime mon prochain comme moi-même pour l'amour de vous.

PRIÈRE DU SOIR

Au nom du Père, et du Fils, et du Saint-Esprit. Ainsi soit-il.

Mettons-nous en la présence de Dieu, adorons-le.

Je vous adore, ô mon Dieu, avec la soumission que m'inspire la présence de votre souveraine grandeur. Je crois en vous, parce que vous êtes la vérité même. J'espère en vous, parce que vous êtes infiniment bon. Je vous aime de tout mon cœur, parce que vous êtes souverainement aimable, et j'aime le prochain comme moi-même pour l'amour de vous.

Examinons-nous sur les péchés commis par pensées, paroles, actions et omissions.

ACTE DE CONTRITION

Mon Dieu, j'ai un extrême regret de vous avoir offensé, parce que vous êtes infiniment bon, infiniment aimable, et que le péché vous déplaît; je prends la ferme résolution, moyennant votre sainte grâce, de ne plus vous offenser et de faire pénitence.

Pater, Ave, Credo, *voir pages* 5, 6 et 7.

LA CONFESSION DES PÉCHÉS

Confiteor Deo omnipotenti, beatæ Mariæ semper virgini, beato Michaeli Archangelo, beato Joanni Baptistæ, sanctis Apostolis Petro et Paulo, omnibus Sanctis (et tibi, Pater), quia peccavi nimis cogitatione, verbo et opere : mea culpa, mea culpa, mea maxima culpa. Ideo precor beatam Mariam semper virginem, beatum Mi-

Je confesse à Dieu tout-puissant, à la bienheureuse Marie toujours vierge, à saint Michel Archange, à saint Jean-Baptiste, aux Apôtres saint Pierre et saint Paul, à tous les Saints (et à vous, mon Père), que j'ai beaucoup péché par pensées, par paroles et par actions : c'est ma faute, c'est ma faute, c'est ma très grande faute. C'est pourquoi je supplie la bienheureuse Marie toujours vierge, saint Michel Archange, saint Jean-Baptiste, les Apôtres saint Pierre et saint Paul, tous les Saints (et vous, mon Père), de prier pour moi le Seigneur notre Dieu.

chaelem Archangelum, beatum Joannem Baptistam, sanctos Apostolos Petrum et Paulum, omnes Sanctos (et te, Pater), orare pro me ad Dominum Deum nostrum.

Que le Dieu tout-puissant nous fasse miséricorde, qu'il nous pardonne nos péchés, et nous conduise à la vie éternelle. Ainsi soit-il.

Misereatur nostri omnipotens Deus, et dimissis peccatis nostris, perducat nos ad vitam æternam. Amen.

Que le Seigneur tout-puissant et miséricordieux nous donne l'indulgence, l'absolution et la rémission de tous nos péchés. Ainsi soit-il.

Indulgentiam, absolutionem et remissionem peccatorum nostrorum tribuat nobis omnipotens et misericors Dominus. Amen.

Recommandons-nous à Dieu, à la sainte Vierge et aux Saints.

Bénissez, ô mon Dieu, le repos que je vais prendre pour réparer mes forces, afin de vous mieux servir. Vierge sainte, mère de mon Dieu, et, après lui, mon unique espérance ; mon bon Ange, mon saint Patron, intercédez pour moi, protégez-moi pendant cette nuit, tout le temps de ma vie, et à l'heure de ma mort. Ainsi soit-il.

Actes de Foi, d'Espérance et de charité, *voir pages 9 et 10.*

Sub tuum præsidium confugimus, sancta Dei Genitrix; nostras deprecationes ne despicias in necessitatibus, sed a periculis cunctis libera nos semper, Virgo gloriosa et benedicta.

Nous nous réfugions sous votre protection, ô sainte Mère de Dieu; ne méprisez pas les supplications que nous vous adressons dans nos besoins, mais délivrez-nous toujours de tout danger, Vierge glorieuse et bénie.

ANGELUS

Angelus Domini nuntiavit Mariæ, et concepit de Spiritu sancto.

Ave, Maria.

Ecce ancilla Domini; fiat mihi secundum verbum tuum.

Ave, Maria.

Et Verbum caro factum est, et habitavit in nobis.

Ave, Maria.

℣. Ora pro nobis, sancta Dei Genitrix.

L'ange du Seigneur a été envoyé à Marie, et elle a conçu par l'opération du Saint-Esprit.

Je vous salue, Marie.

Voici la servante du Seigneur; qu'il me soit fait selon votre parole.

Je vous salue, Marie.

Et le Verbe s'est fait chair, et il a habité parmi nous.

Je vous salue, Marie.

℣. Priez pour nous, sainte Mère de Dieu.

℟. Afin que nous devenions dignes des promesses de Jésus-Christ.

PRIONS

Seigneur, nous vous supplions de répandre votre grâce dans nos âmes, afin qu'ayant connu, par la voix de l'Ange, l'Incarnation de votre Fils Jésus-Christ, nous arrivions, par sa Passion et par sa Croix, à la gloire de sa résurrection. Par le même Jésus-Christ Notre-Seigneur.

Ainsi soit-il.

℟. Ut digni efficiamur promissionibus Christi.

OREMUS

Gratiam tuam, quæsumus, Domine, mentibus nostris infunde, ut qui, Angelo nuntiante, Christi Filii tui Incarnationem cognovimus, per Passionem ejus et Crucem, ad Resurrectionis gloriam perducamur. Per eumdem Christum Dominum nostrum.

Amen.

PRIÈRE AVANT LE CATÉCHISME

Venez, Esprit-Saint, remplissez les cœurs de vos fidèles, et allumez en eux le feu de votre amour.

℣. Envoyez votre Esprit, et ils seront créés.

℟. Et vous renouvellerez la face de la terre.

Veni, sancte Spiritus, reple tuorum corda fidelium, et tui amoris in eis ignem accende.

℣. Emitte Spiritum tuum, et creabuntur.

℟. Et renovabis faciem terræ.

OREMUS	PRIONS
Deus, qui corda fidelium sancti Spiritus illustratione docuisti, da nobis in eodem Spiritu recta sapere, et de ejus semper consolatione gaudere. Per Christum Dominum nostrum. Amen.	O Dieu, qui avez instruit les cœurs des fidèles par les lumières du Saint-Esprit, faites que le même Esprit nous donne le goût et l'amour du bien, et qu'il nous remplisse toujours de la joie de ses divines consolations. Par Jésus-Christ Notre-Seigneur. Ainsi soit-il.
Ave, Maria, etc.	Je vous salue, Marie, etc.

PRIÈRE APRÈS LE CATÉCHISME

Mon Dieu, je vous remercie des lumières et des grâces que vous m'avez données pour être instruit des vérités de mon salut; je vous supplie de ne pas permettre que ce soit pour ma condamnation, mais pour vous mieux connaître, vous aimer, vous servir, et par ce moyen acquérir la vie éternelle. Ainsi soit-il.

PRIÈRE A LA SAINTE VIERGE

Souvenez-vous, ô très compatissante Vierge Marie, qu'on n'a jamais entendu dire qu'aucun de ceux qui ont eu recours à votre protection, imploré votre assistance et demandé vos suffrages, ait été abandonné. Animé d'une pareille confiance, ô Vierge des vierges, ô mère, j'accours à vous ; et, gémissant sous le poids de mes péchés, je me prosterne à vos pieds. O Mère du Verbe, ne méprisez pas ma prière, mais écoutez-la favorablement et daignez l'exaucer. Ainsi soit-il.

ABRÉGÉ
DU CATÉCHISME
DU
DIOCÈSE DE MONACO

Iʳᵉ LEÇON

D. *Qui vous a créé et mis en ce monde?*

R. C'est Dieu qui m'a créé et mis en ce monde.

D. *Pourquoi Dieu vous a-t-il créé et mis en ce monde?*

R. Dieu m'a créé et mis en ce monde pour le connaître, l'aimer, le servir, et, par ce moyen, acquérir la vie éternelle.

D. *Que faut-il faire pour acquérir la vie éternelle?*

R. Pour acquérir la vie éternelle, il faut vivre en bon chrétien.

D. *Qu'est-ce qu'un chrétien?*

R. Un chrétien est celui qui a reçu le saint Baptême.

2

D. *Êtes-vous chrétien?*

R. Oui, je suis chrétien, par la grâce de Dieu.

IIe LEÇON

D. *Suffit-il d'être baptisé pour être un bon chrétien?*

R. Non, pour être un bon chrétien, il ne suffit pas d'être baptisé; il faut encore croire et pratiquer la doctrine chrétienne.

D. *Qu'est-ce que la doctrine chrétienne?*

R. La doctrine chrétienne est la doctrine de Jésus-Christ, prêchée par les Apôtres et enseignée par l'Église.

D. *Où apprend-on la doctrine de Jésus-Christ?*

R. On apprend la doctrine de Jésus-Christ dans le catéchisme.

D. *Qu'est-ce que le catéchisme?*

R. Le catéchisme est un abrégé de la doctrine chrétienne.

D. *Est-il bien nécessaire de savoir le catéchisme?*

R. Oui, il est bien nécessaire de

savoir le catéchisme; car le catéchisme nous apprend à servir Dieu
et à gagner le ciel.

IIIᵉ LEÇON

D. *N'y a-t-il pas un signe qui sert
à faire connaître que nous sommes
chrétiens?*

R. Oui, il y a un signe qui sert à
faire connaître que nous sommes
chrétiens: c'est le signe de la croix.

D. *Comment le signe de la croix
sert-il à faire connaître que nous
sommes chrétiens?*

R. Le signe de la croix sert à faire
connaître que nous sommes chrétiens, en rappelant les principaux
mystères de notre foi.

D. *Comment fait-on le signe de la
croix?*

R. 1° On porte la main droite au
front en disant : Au nom du Père;
2° sur la poitrine en disant : et du
Fils; 3° de l'épaule gauche à l'épaule
droite en disant : et du Saint-Esprit;

4º en laissant retomber la main, en disant : Ainsi soit-il.

IVᵉ LEÇON

DU SYMBOLE DES APOTRES OU CREDO

D. *Qu'est-ce que le Symbole des Apôtres ou* Credo?

R. Le Symbole des Apôtres ou *Credo* est une profession de foi qui renferme, en abrégé, les principales vérités de la religion.

D. *Pourquoi appelle-t-on le Symbole*, Symbole des Apôtres?

R. On appelle le Symbole, *Symbole des Apôtres*, parce qu'il a été composé par les Apôtres.

D. *Combien y a-t-il d'articles dans le Symbole?*

R. Il y a douze articles dans le Symbole.

D. *Récitez le Symbole.*

1. Je crois en Dieu, le Père tout-puissant, Créateur du ciel et de la terre ;

2. Et en Jésus-Christ, son Fils unique, notre Seigneur ;

3. Qui a été conçu du Saint-Esprit, est né de la Vierge Marie ;

4. A souffert sous Ponce Pilate, a été crucifié, est mort, a été enseveli, est descendu aux enfers ;

5. Le troisième jour est ressuscité des morts ;

6. Est monté aux cieux, est assis à la droite de Dieu le Père tout-puissant ;

7. D'où il viendra juger les vivants et les morts ;

8. Je crois au Saint-Esprit ;

9. A la sainte Église catholique, à la communion des Saints ;

10. A la rémission des péchés ;

11. A la résurrection de la chair ;

12. Et à la vie éternelle. Ainsi soit-il.

Ve LEÇON

DE DIEU ET DE SES PERFECTIONS

D. *Qu'est-ce que Dieu ?*

R. Dieu est un pur esprit, éternel, infiniment parfait, Créateur du ciel et de la terre, souverain Seigneur de toutes choses.

D. *Y a-t-il plusieurs dieux?*

R. Non, il n'y a qu'un seul Dieu et il ne peut y en avoir plusieurs.

D. *Où est Dieu?*

R. Dieu est partout : au ciel, sur la terre et en tous lieux.

D. *Dieu voit-il tout?*

R. Oui, Dieu voit, tout ensemble, le passé, le présent, l'avenir, et jusqu'à nos plus secrètes pensées.

D. *Qu'entendez-vous par ces paroles :* Créateur du ciel et de la terre?

R. Par ces paroles : *Créateur du ciel et de la terre,* j'entends que Dieu a fait de rien le ciel, la terre et toutes les créatures.

VIe LEÇON

DES ANGES

D. *Quelles sont les plus parfaites créatures de Dieu?*

R. Les plus parfaites créatures de Dieu sont les anges et les hommes.

D. *Qu'est-ce que les anges?*

R. Les anges sont de purs esprits, intelligents et immortels, que Dieu a créés pour sa gloire et son service.

D. *Tous les anges ont-ils persévéré?*

R. Non, tous les anges n'ont pas persévéré; les uns sont demeurés fidèles, ce sont les bons anges; les autres se sont révoltés contre Dieu, ce sont les mauvais anges ou démons.

D. *Comment Dieu a-t-il puni les mauvais anges?*

R. Dieu a puni les mauvais anges, en les chassant du ciel et en les précipitant dans l'enfer.

D. *Quelle est l'occupation des bons anges?*

R. L'occupation des bons anges est de louer Dieu sans cesse et d'exécuter ses ordres.

D. *Dieu n'a-t-il pas donné à chacun de nous un ange pour le garder?*

R. Oui, Dieu a donné à chacun de nous un ange pour le garder; et, pour cette raison, nous l'appelons notre ange gardien.

D. *Quels sont nos devoirs envers notre ange gardien?*

R. Nous devons respecter notre ange gardien et l'invoquer, surtout dans les tentations et les dangers.

VIIe LEÇON

DE L'HOMME

D. *Qu'est-ce que l'homme?*

R. L'homme est une créature raisonnable, composée d'une âme et d'un corps.

D. *Qu'est-ce que l'âme?*

R. L'âme est un esprit créé à l'image de Dieu et qui ne mourra jamais.

D. *Quel est le nom du premier homme?*

R. Le nom du premier homme est Adam.

D. *Comment s'appelle la première femme?*

R. La première femme s'appelle Ève.

D. *Où Dieu plaça-t-il Adam et Ève?*

R. Dieu plaça Adam et Ève dans un jardin de délices appelé le paradis terrestre.

VIIIᵉ LEÇON

CHUTE DE L'HOMME

D. *Adam et Ève restèrent-ils toujours dans le paradis terrestre?*

R. Non, Adam et Ève ne restèrent pas toujours dans le paradis terrestre, mais ils en furent chassés pour avoir désobéi à Dieu, en mangeant du fruit défendu.

D. *Qui excita Adam et Ève à manger du fruit défendu?*

R. Ce fut le démon, sous la forme du serpent, qui excita Adam et Ève à manger du fruit défendu.

D. *Dieu abandonna-t-il l'homme après son péché?*

R. Non, Dieu n'abandonna pas l'homme après son péché, mais il eut pitié de lui, et lui promit un Messie qui devait sauver tous les hommes.

D. *Quel est le Messie ou le Sauveur promis au monde?*

R. Le Messie ou le Sauveur promis au monde, c'est Notre-Seigneur Jésus-Christ.

Naissance de Notre-Seigneur Jésus-Christ.

IXᵉ LEÇON

MYSTÈRES DE LA TRÈS SAINTE TRINITÉ
DE L'INCARNATION
ET DE LA RÉDEMPTION

D. *Quels sont les principaux mystères de notre foi ?*

R. Les principaux mystères de notre foi sont : le mystère de la très sainte Trinité, le mystère de l'Incarnation et le mystère de la Rédemption.

D. *Qu'est-ce que le mystère de la très sainte Trinité?*

R. Le mystère de la très sainte Trinité, c'est le mystère d'un seul Dieu en trois personnes.

D. *Combien y a-t-il de personnes en Dieu?*

R. Il y a trois personnes en Dieu : le Père, le Fils et le Saint-Esprit.

D. *Le Père est-il Dieu?*

R. Oui, le Père est Dieu.

D. *Le Fils est-il Dieu?*

R. Oui, le Fils est Dieu.

D. *Le Saint-Esprit est-il Dieu?*

R. Oui, le Saint-Esprit est Dieu.

D. *Il y a donc trois Dieux?*

R. Non; ces trois personnes, parfaitement distinctes, ne sont qu'un seul et même Dieu.

D. *Quelle est la plus parfaite de ces trois personnes?*

R. Ces trois personnes sont aussi parfaites l'une que l'autre, parce qu'elles sont égales en toutes choses.

L'INCARNATION

D. *Qu'est-ce que le mystère de l'Incarnation ?*

R. Le mystère de l'Incarnation est le mystère du Fils de Dieu fait homme.

D. *Qu'entendez-vous en disant que le Fils de Dieu s'est fait homme ?*

R. En disant que le Fils de Dieu s'est fait homme, j'entends qu'il a pris un corps et une âme semblables aux nôtres.

D. *Pourquoi le Fils de Dieu s'est-il fait homme ?*

R. Le Fils de Dieu s'est fait homme, pour nous racheter de l'esclavage du péché, nous délivrer de l'enfer et nous mériter le ciel.

D. *Comment s'appelle le Fils de Dieu fait homme ?*

R. Le Fils de Dieu fait homme s'appelle Jésus-Christ.

LA RÉDEMPTION

D. *Qu'est-ce que le mystère de la Rédemption ?*

R. Le mystère de la Rédemption

est le mystère de Jésus-Christ mort sur le croix, pour racheter tous les hommes.

D. *Comment s'est accompli le mystère de la Rédemption ?*

R. Jésus-Christ, après son agonie au jardin des Oliviers, fut trahi par Judas, renié par saint Pierre, abandonné par ses Apôtres, accusé injustement devant Ponce Pilate, couronné d'épines, et mourut attaché à la croix.

Xe LEÇON

JÉSUS-CHRIST ET L'ÉGLISE

D. *Qu'est-ce que Jésus-Christ ?*

R. Jésus-Christ est la seconde personne de la sainte Trinité, le Fils de Dieu fait homme.

D. *Quel jour Jésus-Christ est-il né ?*

R. Jésus-Christ est né le jour de Noël, à minuit.

D. *Où Jésus-Christ est-il né ?*

R. Jésus-Christ est né à Bethléhem, petite ville de Judée, dans une pauvre étable.

D. *Où vécut Jésus-Christ jusqu'à l'âge de trente ans ?*

R. Jusqu'à l'âge de trente ans, Jésus-Christ vécut à Nazareth, en Galilée, avec la sainte Vierge et saint Joseph.

D. *Que nous apprend l'Évangile de la vie de Jésus-Christ, pendant ce temps?*

R. L'Évangile nous apprend que Jésus-Christ fréquentait le temple aux jours de fêtes, qu'il était soumis à ses parents, et qu'à mesure qu'il avançait en âge, il croissait en sagesse et en sainteté.

D. *Quel jour Jésus-Christ est-il mort?*

D. Jésus-Christ est mort le vendredi saint, à trois heures de l'après-midi.

D. *Quel jour Jésus-Christ est-il ressuscité ?*

R. Jésus-Christ est ressuscité le jour de Pâques, le troisième jour après sa mort.

D. *Quel jour Jésus-Christ est-il monté au ciel?*

R. Jésus-Christ est monté au ciel le jour de l'Ascension, quarante jours après Pâques.

L'ÉGLISE

D. *Qu'est-ce que l'Église?*

R. L'Église est la société des fidèles, fondée par Jésus-Christ, répandue sur toute la terre et gouvernée par le pape et les évêques.

D. *Qu'est-ce que le pape?*

R. Le pape est le chef visible de l'Église, parce qu'il est le vicaire de Jésus-Christ sur la terre, et le successeur de saint Pierre.

D. *Qu'entendez-vous par les fidèles ou membres de l'Église?*

R. Par les fidèles ou membres de l'Église, j'entends les chrétiens qui croient tout ce que l'Église croit et enseigne, et qui demeurent soumis à son autorité.

D. *Est-il nécessaire d'appartenir à l'Église?*

R. Oui, il est absolument nécessaire d'appartenir à l'Église; car, hors de l'Église, point de salut.

D. *Quelle est la véritable Église?*

R. La véritable Église est l'Église romaine.

XIe LEÇON

LES FINS DERNIÈRES

D. *Mourrons-nous tous un jour ?*

R. Oui, nous mourrons tous un jour, quand il plaira à Dieu.

D. *Notre âme mourra-t-elle ?*

R. Non, notre âme ne mourra point ; car Dieu l'a créée immortelle.

D. *Que deviendra notre âme après la mort ?*

R. Notre âme, aussitôt après la mort, paraîtra devant Dieu, pour être jugée sur ses bonnes ou ses mauvaises actions.

D. *Que deviendra notre âme après le jugement ?*

R. Notre âme, après le jugement, ira en paradis, ou en enfer, ou en purgatoire.

D. *Qu'est-ce que le purgatoire ?*

R. Le purgatoire est un lieu de souffrances où les âmes des justes sont purifiées des restes du péché, avant leur entrée dans le ciel.

D. *Qu'est-ce que le paradis ou ciel?*

R. Le paradis ou ciel est un lieu de délices, où les élus voient Dieu, le possèdent et jouissent d'un bonheur éternel.

D. *Qui sont ceux qui vont au ciel?*

R. Ceux-là vont au ciel, qui meurent en état de grâce, et qui ont entièrement satisfait à la justice divine.

D. *Qu'est-ce que l'enfer?*

R. L'enfer est un lieu de tourments où les damnés sont privés de la vue de Dieu, et brûlent dans les flammes éternelles.

D. *Qui sont ceux qui vont en enfer?*

R. Ceux - là vont en enfer qui meurent en état de péché mortel.

XIIᵉ LEÇON

COMMANDEMENTS DE DIEU

D. *Suffit-il de croire et d'être baptisé pour être sauvé?*

R. Non, il ne suffit pas de croire et d'être baptisé pour être sauvé; mais il faut encore observer les commandements de Dieu et de l'Église.

D. *Jésus-Christ nous a-t-il ordonné d'observer les commandements de Dieu ?*

R. Oui, Jésus-Christ nous a or-donné d'observer les commandements de Dieu, en disant : Si vous voulez entrer dans la vie éternelle, gardez mes commandements.

D. *Combien y a-t-il de commande-ments de Dieu ?*

R. Il y a dix commandements de Dieu, qu'on appelle Décalogue.

D. *Récitez les dix commandements de Dieu ?*

R. 1. Un seul Dieu tu adoreras,
    Et aimeras parfaitement.

2. Dieu en vain tu ne jureras,
    Ni autre chose pareillement.

3. Les dimanches tu garderas,
    En servant Dieu dévotement.

4. Tes père et mère honoreras,
    Afin de vivre longuement.

5. Homicide point ne seras,
    De fait ni volontairement.

6. Luxurieux point ne seras,
    De corps ni de consentement.

7. Le bien d'autrui tu ne prendras,
   Ni retiendras à ton escient.
8. Faux témoignage ne diras,
   Ni mentiras aucunement.
9. L'œuvre de chair ne désireras,
   Qu'en mariage seulement.
10. Biens d'autrui ne convoiteras,
   Pour les avoir injustement.

XIIIe LEÇON

SUITE

D. *Que nous ordonne le premier commandement de Dieu?*

R. Le premier commandement de Dieu nous ordonne de n'adorer que Dieu, et de l'aimer par-dessus tout.

D. *Que nous défend le deuxième commandement de Dieu?*

R. Le deuxième commandement de Dieu nous défend de jurer en vain, de blasphémer, et de faire des imprécations.

D. *Que nous ordonne le troisième commandement de Dieu?*

R. Le troisième commandement de

Dieu nous ordonne de sanctifier le dimanche, en mémoire du repos du Seigneur et de la résurrection de Jésus-Christ.

D. *Que nous ordonne le quatrième commandement de Dieu?*

R. Le quatrième commandement de Dieu nous ordonne d'aimer nos père et mère, de les respecter, de leur obéir et de les assister dans leurs besoins.

D. *Que nous défend le cinquième commandement de Dieu?*

R. Le cinquième commandement de Dieu nous défend d'attenter à notre vie et à celle du prochain; il nous défend encore tout ce qui peut nuire au prochain, soit dans son corps, soit dans son âme.

D. *Que nous défend le sixième commandement de Dieu?*

R. Le sixième commandement de Dieu nous défend les regards, les paroles et les actions contraires à la pureté.

D. *Que nous défend le septième commandement de Dieu?*

R. Le septième commandement de

Dieu nous défend de prendre ou de retenir injustement le bien de notre prochain.

D. *Que nous défend le huitième commandement de Dieu?*

R. Le huitième commandement de Dieu nous défend le faux témoignage, le mensonge, la calomnie, la médisance et le jugement téméraire.

D. *Que nous défend le neuvième commandement de Dieu?*

R. Le neuvième commandement de Dieu nous défend les pensées et les désirs volontaires contre la pureté.

D. *Que nous défend le dixième commandement de Dieu?*

R. Le dixième commandement de Dieu nous défend jusqu'au désir de nous approprier le bien d'autrui, par des moyens injustes.

Jésus donne à saint Pierre les clefs du ciel.

XIVᵉ LEÇON

DES COMMANDEMENTS DE L'ÉGLISE

D. *Combien y a-t-il de commande-ments de l'Église?*

R. Il y a six commandements de l'Église.

D. *Récitez les six commandements de l'Église.*

R. 1. Les fêtes tu sanctifieras,
   Qui te sont de commandement.

2. Les dimanches messe ouïras,
   Et les fêtes pareillement.
3. Tous tes péchés confesseras,
   A tout le moins une fois l'an.
4. Ton Créateur tu recevras,
   Au moins à Pâques, humblement.
5. Quatre-Temps, Vigiles jeûneras,
   Et le Carême entièrement.
6. Vendredi chair ne mangeras,
   Ni le samedi mêmement.

D. *Sommes-nous obligés, sous peine de péché, d'observer les commandements de l'Église?*

R. Oui, nous sommes obligés, sous peine de péché, d'observer les commandements de l'Église.

D. *Pourquoi?*

R. Parce que Jésus-Christ a déclaré que désobéir à l'Église, c'est désobéir à Dieu.

———

D. *Que nous ordonne l'Église par le premier commandement?*

R. Par le premier commandement, l'Église nous ordonne de sanctifier les fêtes d'obligation qu'elle a instituées en l'honneur de Jésus-Christ, de la sainte Vierge et des Saints.

D. *Que nous ordonne l'Église par le deuxième commandement ?*

R. Par le deuxième commandement, l'Église nous ordonne d'entendre la messe, les dimanches et les fêtes d'obligation ; et c'est un péché mortel d'y manquer par sa faute.

D. *Que nous ordonne l'Église par le troisième commandement ?*

R. Par le troisième commandement, l'Église nous ordonne de confesser nos péchés, au moins une fois chaque année.

D. *Que nous ordonne l'Église par le quatrième commandement ?*

R. Par le quatrième commandement, l'Église nous ordonne de communier, au moins une fois chaque année, dans le temps de Pâques.

D. *Que nous ordonne l'Église par le cinquième commandement ?*

R. Par le cinquième commandement, l'Église nous ordonne de jeûner pendant le Carême, aux Quatre-Temps et les veilles de certaines fêtes.

D. *Que nous défend l'Église par le sixième commandement?*

R. Par le sixième commandement, l'Église nous défend de manger, sans nécessité ou permission, des aliments gras le vendredi et le samedi.

XVe LEÇON

DU PÉCHÉ

D. *Qu'est-ce que le péché?*

R. Le péché est une désobéissance aux commandements de Dieu et de l'Église.

D. *Qu'est-ce que le péché originel?*

R. Le péché originel est celui que nous apportons tous en naissant, et qui nous vient d'Adam, notre premier père.

D. *Qu'est-ce que le péché actuel?*

R. Le péché actuel est celui que nous commettons nous-mêmes, de notre propre volonté.

D. *Combien y a-t-il de sortes de péchés actuels?*

R. Il y a deux sortes de péchés actuels : le péché mortel et le péché véniel.

D. *Qu'est-ce que le péché mortel?*

R. Le péché mortel est une désobéissance à la loi de Dieu ou de l'Église, en matière grave et avec un plein consentement.

D. *Pourquoi appelle-t-on ce péché mortel?*

R. On appelle ce péché *mortel*, parce qu'il donne la mort à notre âme, en lui ôtant la vie de la grâce, et qu'il nous rend dignes de l'enfer.

D. *Qu'est-ce que le péché véniel?*

R. Le péché véniel est une désobéissance à la loi de Dieu ou de l'Église, en matière légère ou même en matière grave, mais sans un plein consentement.

D. *En combien de manières peut-on commettre le péché?*

R. On peut commettre le péché en quatre manières : par pensées, par paroles, par actions et par omissions.

D. *Combien y a-t-il de péchés capitaux?*

R. Il y a sept péchés capitaux : l'orgueil, l'avarice, la luxure, l'envie, la gourmandise, la colère et la paresse.

XVIe LEÇON

VERTUS THÉOLOGALES

D. *Combien y a-t-il de vertus théologales?*

R. Il y a trois vertus théologales : la Foi, l'Espérance et la Charité.

D. *Faites un acte de Foi.*

R. Mon Dieu, je crois fermement toutes les vérités que vous avez révélées et que vous nous enseignez par votre Église, parce que vous ne pouvez ni vous tromper ni nous tromper.

D. *Faites un acte d'Espérance.*

R. Mon Dieu, j'espère avec une ferme confiance que vous me donnerez, par les mérites de Jésus-Christ, votre grâce en ce monde, et, si j'observe vos commandements, votre gloire dans l'autre, parce que vous me l'avez promis, et que vous êtes souverainement fidèle dans vos promesses.

D. *Faites un acte de Charité.*

R. Mon Dieu, je vous aime de tout mon cœur et par-dessus toutes choses, parce que vous êtes infiniment bon et infiniment aimable ; et j'aime mon prochain comme moi-même pour l'amour de vous.

XVIIe LEÇON

DE LA GRACE

D. *Qu'est-ce que la grâce?*

R. La grâce est un don surnaturel et gratuit que Dieu nous accorde, en vue des mérites de Jésus-Christ, pour opérer notre salut.

D. *Combien y a-t-il de sortes de grâces?*

R. Il y a deux sortes de grâces : la

grâce habituelle ou sanctifiante et la grâce actuelle.

D. *Pouvons-nous perdre la grâce sanctifiante?*

R. Oui, nous pouvons perdre la grâce sanctifiante; nous la perdons par un seul péché mortel.

D. *Dieu donne-t-il toujours sa grâce?*

R. Oui, Dieu donne toujours sa grâce à ceux qui la lui demandent.

D. *Comment pouvons-nous obtenir la grâce?*

R. Nous pouvons obtenir la grâce, principalement par la prière et les sacrements.

XVIIIe LEÇON

DE LA PRIÈRE

D. *Qu'est-ce que la prière?*

R. La prière est une élévation de notre âme vers Dieu pour l'adorer, le remercier et lui demander ses grâces.

D. *Quand faut-il prier?*

R. Il faut prier souvent, mais surtout le matin et le soir, au commencement de nos principales actions, dans les tentations et les dangers.

D. *Quelle est la plus excellente de toutes les prières ?*

R. La plus excellente de toutes les prières, c'est l'Oraison dominicale ou *Pater*.

D. *Récitez l'Oraison dominicale.*

R. Notre Père, qui êtes aux cieux, que votre nom soit sanctifié ; que votre règne arrive ; que votre volonté soit faite sur la terre comme dans le ciel. Donnez-nous aujourd'hui notre pain de chaque jour ; pardonnez-nous nos offenses comme nous pardonnons à ceux qui nous ont offensés ; et ne nous laissez pas succomber à la tentation ; mais délivrez-nous du mal. Ainsi soit-il.

D. *Quelle est la prière la plus excellente que nous puissions adresser à la sainte Vierge ?*

R. La prière la plus excellente que

nous puissions adresser à la sainte Vierge, c'est la Salutation angélique ou l'*Ave Maria*.

D. *Récitez la Salutation angélique.*

R. Je vous salue, Marie, pleine de grâces, le Seigneur est avec vous; vous êtes bénie entre toutes les femmes; et Jésus, le fruit de vos entrailles, est béni.

Sainte Marie, mère de Dieu, priez pour nous, pauvres pécheurs, maintenant et à l'heure de notre mort. Ainsi soit-il.

XIXᵉ LEÇON

DES SACREMENTS

D. *Qu'est-ce qu'un sacrement?*

R. Un sacrement est un signe sensible de la grâce, institué par Notre-Seigneur Jésus-Christ, pour la sanctification de nos âmes.

D. *Comment les sacrements nous sanctifient-ils?*

D. De deux manières : les uns

donnent la grâce sanctifiante à ceux qui ne l'ont pas; les autres l'augmentent en ceux qui la possèdent déjà.

D. *Combien y a-t-il de sacrements?*

R. Il y a sept sacrements : le Baptême, la Confirmation, l'Eucharistie, la Pénitence, l'Extrême-Onction, l'Ordre et le Mariage.

D. *Qu'est-ce que le Baptême?*

R. Le Baptême est un sacrement qui efface en nous le péché originel et nous fait chrétiens, c'est-à-dire enfants de Dieu et de l'Église.

D. *Le Baptême est-il bien nécessaire?*

R. Oui, le Baptême est absolument nécessaire; car, sans le Baptême, personne ne peut entrer au ciel.

D. *A qui appartient-il de donner le Baptême?*

R. C'est aux prêtres qu'il appartient de donner le Baptême; mais, en cas de nécessité, toute personne peut et doit baptiser.

D. *Comment donne-t-on le Baptême?*

R. La même personne verse de l'eau sur la tête de l'enfant, en disant : « Je te baptise au nom du Père, et du Fils, et du Saint-Esprit. »

D. *Qu'est-ce que la Confirmation?*

R. La Confirmation est un sacrement qui nous rend parfaits chrétiens, et nous donne le Saint-Esprit avec tous ses dons.

D. *Quels sont les dons du Saint-Esprit?*

R. Il y a sept dons du Saint-Esprit : les dons de sagesse, d'intelligence, de conseil, de force, de science, de piété et de crainte de Dieu.

Notre-Seigneur Jésus-Christ institue l'Eucharistie
à la dernière Cène.

XXe LEÇON

DE L'EUCHARISTIE

D. *Qu'est-ce que l'Eucharistie?*

R. L'Eucharistie est un sacrement qui contient réellement et substantiellement le corps, le sang, l'âme et la divinité de Notre-Seigneur Jésus-Christ, sous les espèces ou apparences du pain et du vin.

D. *Comment Jésus-Christ a-t-il institué le sacrement de l'Eucharistie ?*

R. Jésus-Christ, après avoir mangé l'agneau pascal, prit du pain, le bénit, le rompit, et le donna à ses Apôtres en disant : « Ceci est mon corps. » Il prit ensuite le calice, où il y avait du vin, le bénit et dit : « Prenez et buvez ; ceci est mon sang, qui sera répandu pour la rémission des péchés. »

D. *Que fit Jésus - Christ par ces paroles :* Ceci est mon corps, ceci est mon sang ?

R. Par ces paroles : *Ceci est mon corps, ceci est mon sang,* Jésus-Christ changea le pain en son corps et le vin en son sang.

D. *Que fit Jésus - Christ, quand il ajouta :* Faites ceci en mémoire de moi ?

R. Quand Jésus - Christ ajouta : *Faites ceci en mémoire de moi,* il donna aux Apôtres, aux évêques et aux prêtres le pouvoir de changer, comme lui, le pain en son corps et le vin en son sang.

D. *A quel moment se fait le chan-*

gement du pain et du vin au corps et au sang de Jésus - Christ ?

R. Le changement du pain et du vin au corps et au sang de Jésus-Christ se fait pendant le saint sacrifice de la messe, quand le prêtre prononce les paroles de la consécration.

D. *Pourquoi Notre-Seigneur Jésus-Christ a-t-il institué l'Eucharistie ?*

R. Notre-Seigneur Jésus-Christ a institué l'Eucharistie pour être la nourriture de nos âmes, dans la sainte communion, et pour continuer dans son Église le sacrifice de la croix.

XXIe LEÇON

DE LA COMMUNION

D. *Qu'est-ce que communier ?*

R. Communier, c'est recevoir Notre-Seigneur Jésus-Christ dans le sacrement de l'Eucharistie.

D. *Sommes - nous obligés de communier ?*

R. Oui, nous sommes obligés de communier, parce que Jésus-Christ lui - même nous en fait un devoir, quand il déclare que si nous ne mangeons sa chair et si nous ne buvons son sang, nous n'aurons pas la vie en nous.

D. *Quand sommes-nous obligés de communier ?*

R. Nous sommes obligés de communier au moins une fois l'an, au temps de Pâques, sous peine de péché mortel, et aussi quand nous sommes en danger de mort.

D. *Quelles sont les dispositions nécessaires pour communier dignement ?*

R. Les dispositions nécessaires pour communier dignement sont de deux sortes : les unes regardent l'âme, les autres le corps.

D. *Quelles sont les dispositions de l'âme ?*

P. La principale disposition de l'âme est d'être en état de grâce, c'est-à-dire de n'avoir aucun péché mortel sur la conscience.

D. *Quel péché commet celui qui communie en état de péché mortel ?*

R. Celui qui communie en état de

péché mortel commet un horrible sacrilège.

D. *Quelles sont les dispositions du corps?*

R. Les dispositions du corps sont d'être à jeun, c'est-à-dire de n'avoir ni bu ni mangé depuis minuit et d'avoir un extérieur modeste et recueilli.

D. *Qu'est-ce que la messe?*

R. La messe est un sacrifice non sanglant, par lequel Jésus-Christ s'offre et s'immole à Dieu son Père, par le ministère des prêtres.

XXIIe LEÇON
DE LA PÉNITENCE

D. *Qu'est-ce que le sacrement de Pénitence?*

R. Le sacrement de Pénitence est un sacrement institué par Notre-Seigneur Jésus-Christ, pour remettre les péchés commis après le Baptême.

D. *Que faut-il faire quand on se prépare à recevoir le sacrement de Pénitence?*

R. Quand on se prépare à recevoir

le sacrement de Pénitence, il faut avant tout examiner sa conscience, c'est-à-dire rechercher exactement tous les péchés qu'on a commis, et s'exciter à la contrition.

D. *Comment faut-il faire cet examen?*

R. Il faut d'abord demander à Dieu la grâce de bien connaître ses péchés, puis s'examiner avec soin sur les commandements de Dieu et de l'Église, sur les péchés capitaux et sur les devoirs de son état.

XXIIIe LEÇON

DE LA CONTRITION ET DE LA CONFESSION

D. *Qu'est-ce que la contrition?*

R. La contrition est une douleur et une détestation des péchés qu'on a commis, avec un ferme propos de ne plus les commettre à l'avenir.

D. *La contrition est-elle absolument nécessaire?*

R. Oui, la contrition est absolument nécessaire; et Dieu, qui est infiniment bon, ne peut pardonner le péché à celui qui ne se repentirait pas de l'avoir commis.

D. *Faites un acte de contrition.*

R. Mon Dieu, j'ai un extrême regret de vous avoir offensé, parce que vous êtes infiniment bon, infiniment aimable, et que le péché vous déplaît; je prends la ferme résolution, moyennant votre sainte grâce, de ne plus vous offenser et de faire pénitence.

D. *Qu'est-ce que la confession ?*

R. La confession est une accusation de ses péchés, faite à un prêtre approuvé, pour en recevoir l'absolution.

D. *Qu'est-ce que l'absolution ?*

R. L'absolution est une sentence par laquelle le prêtre remet les péchés au nom de Jésus-Christ.

D. *Que doit-on accuser en confession ?*

R. On doit accuser en confession tous les péchés mortels qu'on a commis; sincèrement, comme on les connaît, et humblement, comme un criminel devant celui qui tient la place de Jésus-Christ.

XXIVᵉ LEÇON

DE LA MANIÈRE DE SE CONFESSER

D. *Que faut-il faire pour bien se confesser ?*

R. Pour bien se confesser, il faut, en entrant au confessionnal, se mettre à genoux, faire le signe de la croix et demander la bénédiction, en disant : « Bénissez-moi, mon père, parce que j'ai péché ; » puis réciter : « Je confesse à Dieu, » jusqu'à : « c'est ma faute. »

D. *Et après, que faut-il faire ?*

R. Après, il faut dire depuis combien de temps on ne s'est pas confessé, si l'on a reçu l'absolution et si l'on a fait la pénitence imposée.

D. *Et ensuite ?*

R. Ensuite, il faut s'accuser de ses péchés, en disant : « Mon père, je m'accuse…, » et répondre, en toute sincérité, aux interrogations du confesseur.

D. *Qu'ajoute-t-on après avoir déclaré ses péchés ?*

R. Après avoir déclaré ses péchés, on ajoute : « Je m'accuse encore de

tous les péchés dont je ne me sou-
viens pas, et de tous les péchés de
ma vie passée; j'en demande pardon
à Dieu, et à vous, mon père, pénitence et absolution, si vous m'en
jugez digne; » et aussitôt, on achève :
« Je confesse à Dieu, » en disant :
« C'est ma faute... »

D. *Que faut-il faire ensuite ?*

R. Il faut écouter respectueusement
les avis du ministre de Jésus-Christ,
et faire l'acte de contrition, pendant
qu'il donne l'absolution.

D. *Quel péché commet celui qui cache
en confession un seul péché mortel ?*

R. Celui qui cache en confession un
seul péché mortel commet un sacrilège.

D. *A quoi est obligé celui qui a caché un péché mortel en confession ?*

R. Celui qui a caché un péché mortel en confession est obligé non seulement d'accuser son sacrilège, mais
encore de recommencer sa confession
et toutes celles qu'il a faites depuis.

D. *Qu'est-ce que la satisfaction ?*

R. La satisfaction est la pénitence

imposée par le prêtre dans la confession.

D. *Quand faut-il faire la pénitence imposée par le confesseur?*

Il faut faire sa pénitence le plus tôt possible, ou du moins dans le temps et de la manière indiqués par le confesseur.

XXVe LEÇON

DE L'EXTRÊME-ONCTION, DE L'ORDRE ET DU MARIAGE

D. *Qu'est-ce que l'Extrême-Onction?*

R. L'Extrême-Onction est un sacrement institué par Jésus-Christ pour le soulagement spirituel et corporel des malades.

D. *A qui doit-on donner l'Extrême-Onction?*

R. On doit donner l'Extrême-Onction à tout fidèle qui a atteint l'âge de raison, dès qu'il est dangereusement malade.

D. *Qu'est-ce que l'Ordre?*

R. L'Ordre est un sacrement qui donne le pouvoir de faire les fonctions ecclésiastiques, et la grâce de les exercer saintement.

D. *Qu'est-ce que le Mariage?*

R. Le Mariage est un sacrement qui sanctifie l'union de l'homme et de la femme, et leur donne la grâce de vivre saintement et d'élever chrétiennement leurs enfants.

D. *Que faut-il faire pour se préparer à recevoir le sacrement de Mariage?*

R. Pour se préparer à recevoir le sacrement de Mariage, il faut se confesser, et, si on le peut, faire la sainte communion?

ACTES AVANT LA COMMUNION

ACTE DE FOI

Mon doux Jésus, je crois fermement que vous êtes dans le saint Sacrement de l'autel, parce que vous l'avez dit ; je vous y adore.

ACTE D'ESPÉRANCE

Mon doux Jésus, j'espère qu'en venant dans

mon cœur vous me donnerez votre grâce, et
un jour le paradis, quoique j'en sois indigne.

ACTE D'AMOUR

Mon doux Jésus, je vous aime de tout mon
cœur, et je désire ardemment vous recevoir.

ACTES APRÈS LA COMMUNION

ACTE DE REMERCIEMENT

Mon doux Jésus, je vous remercie de ce
que vous avez daigné descendre en moi.

ACTE D'OFFRANDE

Mon doux Jésus, je me donne tout à vous,
comme vous vous êtes donné tout à moi.

ACTE DE DEMANDE

Mon doux Jésus, ôtez de moi tout ce qui
vous déplaît, et mettez-y tout ce qui vous plaît.

INVOCATION AU SAINT-ESPRIT

REF. Esprit-Saint, descendez en nous,   *bis.*
    Embrasez notre cœur de vos feux,
       De vos feux   *bis.*
       Les plus doux.

1. Sans vous, notre vaine prudence
   Ne peut, hélas ! que s'égarer ;
   Ah ! dissipez notre ignorance,
     Esprit d'intelligence,
     Venez nous éclairer.   Esprit...

2. Le noir enfer, pour nous livrer la guerre,
Se réunit au monde séducteur ;
Tout est pour nous embûches sur la terre ;
Soyez, soyez notre libérateur. *bis.* Esprit...

3. Enseignez-nous la divine sagesse !
Seule elle peut nous conduire au bonheur ;
Dans ses sentiers qu'heureuse est la jeunesse !
Qu'heureuse est la vieillesse !   Esprit, etc.

COURTES PRATIQUES DE PIÉTÉ

A SON RÉVEIL

† Mon Dieu, je vous donne mon cœur, daignez me préserver de tout péché.

AVANT LE TRAVAIL

† Mon Dieu, je vous offre mon travail en expiation de mes péchés : faites, s'il vous plaît, que ce soit pour votre plus grande gloire et pour ma sanctification.

QUAND L'HEURE SONNE

† Mon Dieu, je vous adore, je vous aime, je me donne tout à vous.

DANS LA TENTATION

† O Jésus, venez à mon secours, donnez-moi la grâce de ne pas consentir à cette tentation.

† O Marie conçue sans péché, priez pour nous qui avons recours à vous.

† Jésus, Marie, Joseph !

FIN

TABLE DES MATIÈRES

ABRÉGÉ
DU CATÉCHISME DU DIOCÈSE DE MONACO

22505. — Tours, impr. Mame.